창작동네 시인선 110

제 2 시집

나목의 노래

김인녀 詩集

도서
출판 노트북

창작동네 시인선 110

나목의 노래

인   쇄 : 초판인쇄 2019년 03월 30일
인   쇄 : 초판인쇄 2019년 04월 05일
지은이 : 김인녀
펴낸이 : 윤기영
편집장 : 정설연
펴낸곳 : 노트북
등   록 : 제 305-2012-000048호
본   사 : 서울시 동대문구 사가정로 256-4호 나동B101
전   화 : 070-8887-8233 팩시밀리 02-844-5756
이메일 : hdpoem55@hanmail.net

2019.04 나목의 노래_김인녀 두 번째 시집

정   가 : 10.000원

ISBN : 979-11-88856-11-4-03810

*저자와의 협의로 인지는 생략합니다.
*잘못된 책은 교환해 드립니다.

나목의 노래

도서출판 노트북

1부 나목의 노래

008...나목의 노래
009...인생 풍파
010...자화상
012...잡초 인생
013...정읍
014...정읍 여인
015...젖지 않는 당신 향기
016...지난날 그리움 되어
017...창가의 추억
018...창문 안에
019...친구 이야기
020...폭포
021...헝클어진 세상
022...회상의 바다
023...오늘은
024...영혼의 울림
025...오금교 다리 밑
026...연리지
027...엄마의 뜨락
028...어스름 저녁
029...세상사 간이역 같다
030...성장과 정돈의 공존
031...석양 속의 노부부
032...섬진강에 와서
033...상상의 환희
034...사랑은 느낌이다
035...삶은 행복의 바다
036...발자국
037...바람
038...마음의 날개
039...나의 아버지

2부 나의 정원

042...나의 정원
044...벚꽃나무 아래서
045...벚꽃을 보며
046...5월
047...봄바람
048...봄비
049...사랑은 흐른다
050...삶의 가락
051...봄은 생명이다
052...봄의 노래
053...봄의 수채화
054...봉사의 꽃
055...비바람아 불어라
056...비가 내리네
057...비밀
058...벌 나비 사라지다
059...수양버들
060...숲속 수다쟁이들의 봄
061...슬픈 사랑의 창문
062...슬픔의 향기
063...지지 않는 꽃
064...이른 봄 산책길
066...첫 봄꽃
067...호접란
068...풀꽃 행진
070...흔들리며
071...유채꽃

3부 한여름의 산책길

074...한여름의 산책길
075...꽃밭에 나비
076...풋사랑 향기
077...폭풍의 아침
078...폭염
079...폭우 소리
080...파도
081...전곡항 빨간 등대길
082...길
083...가로수 그늘
084...나의 섬
085...낮잠
086...도시 뒷골목
087...두견새
088...들꽃 처녀
089...등대지기
090...등산의 기쁨
091...뗏뿌루 해변의 연서
092...라일락
093...망월대

4부 가을 나들이

096...가을 나들이
097...가을 꽃밭
098...가을 내음
099...가을 들녘
100...가을 빗님
101...가을 여인
102...가을 편지
103...가을 햇살
104...가을에 핀 장미
105...가을의 날개
106...구절초 사랑
107...구절초 쌀강정
108...나의 가을
109...낙엽의 눈물
110...내 가을은 오려는가
111...내장사
112...만추
113...젖은 낙엽

5부 첫눈

116...첫눈
117...함박눈
118...겨울 바닷가
119...겨울산
120...바다
121...새날에 기대어
122...행복
123...행복 찾은 친구
124...첫사랑의 추억
125...입춘에

127...詩해설
나목의 노래_도창회
(전 東國大 교수, 문학박사)

1부. 나목의 노래

나목의 노래

QR 낭송/정설연

초록의 향연은 꿈이었나
늦가을 찬바람에
잔영만 남는다

창공에 뜬구름
청자항아리 푸른 하늘
끌어안고 길게 누워있다

푸른 새 옷 벗어던진
이별로 찢어지는 가슴
하늘 볼 겨를이 없다

가을비 눈물에 젖어
떠나보내는 쓰디쓴 아픔은
무언의 침묵 속에 감춘다

남풍 봄소식 오면
다시 파란 새싹 움트리니
희망노래 가지에 걸어놓자.

인생 풍파

즐비하게 늘어선 병풍 같은 산봉우리들
황금빛 햇살이 빛나고
대동강 상류 물줄기 맑고 잔잔했다

강한 허리케인에 가족도 잃고
친구도 모두 행방 묘연해
눈을 뜨고 살피니
부서진 쪽배 만경강 감도는 배산 밑이다

굶기를 밥 먹듯 시간은 야위고
근근이 끼니를 때우며 사는 동안
예상치 않은 태풍에 밀려 한강나루
낯설은 물결에 흔들린다

바람 따라 세월은 가고
하얀 눈썹이 돋아난다
아, 아득한 내 고향
사무친 추억이 지금도 강물에 출렁인다.

1부. 나목의 노래

자화상

젊은 날에
나는 딱할 정도
마르고 깍쟁이 같고
냉정해 보일 듯하다

스스로는 자기를
거의 다 꽤 괜찮게 생겼고
매사에 자신감 또한
단단하다고 믿는다

돌아보면
생김새도 별로이고
세상사에 어리숙하고
굼뜨고 모질지 못하다

살아오는 동안
후배에게 당한 적도 있고
사기성 있는 주인에게
곤욕을 치른 적도 있다

그럴 적마다
나서서 해결하고
처리 정리해준 당신 있어
오늘까지 나름 평탄한 것 같다

좀 더 단단해지게
자신을 담금질 해야겠고
마음의 수련이 처절히
요구되는 시점인 듯하다.

1부. 나목의 노래

잡초 인생

세상이 필요 없다고 무시할 때
구석진 곳에서 고개를 내밀며
생명의 소중함을 노래한다

세상이 외면하고 전기 톱질할 때
젖은 땅에 드러누워
풀향기 풍기며 내일에 기댄다

거친 발길로 아무리 짓밟아도
쓰러지는 듯 일어서는
잡초의 강인함이여

세상이 삭막하고 쓸쓸할 때
산하를 푸르게 생기 주는
그대 삶의 지혜를 일깨우는 전사

세상의 사람들아 무엇을 두려워하나
우리가 못할 것이 무엇인가
우리는 바로 생명력 강한 잡초인생.

정읍

눈보라 폭설을 헤치고
남으로 남으로 와
모두 부산으로 가려 애쓸 적에

내 고향 평안남도 덕천군에서 온
먼 사돈댁이 정읍으로 가야 한다고
훌훌 떠나가 버렸다

오랜 세월동안 잊고 있던
정읍을 찾아보니 인물도 화려하고
덕천면이 있고, 덕천 초등학교가 있다

이것이 우연인가 필연인가
나는 궁금증에 어리둥절
종일 머릿속에서 정읍이 뜀박질을 한다.

1부. 나목의 노래

정읍 여인

정읍사를 살짝 들여다보니
오지 않는 낭군을 애타하며
밤길에 흙탕에 빠질세라
달님 높이 비추길 비는 여인의 간절함이다

많은 시간이 야위어 갔어도
연연 은은히 살아있는
정읍 여인의 고운 꽃향기가
내 가슴 적신다

내가 아는 정읍 한 여인
수년 병석에 있는 낭군
밤낮으로 정성스레 간호하여
이제 건강해졌다니 감동이었다

피로가 얼굴 가득 하나
옆 사람에게 다정하고
빛이 발하는 웃음소리
주위 행복 바이러스 넘치게 한다

정읍 여인들
예나 지금이나
남다른 정절을 가진 것은
열녀 다를바 없나봐.

젖지 않는 당신 향기

온종일 보슬비 내려
뿌연 흙먼지
시커먼 도시 티끌도
소리 없이 젖고 젖는다

정원 울타리 넝쿨장미
장대 같은 미루나무도
소녀 같은 보슬비에
온몸을 내주고 내어준다

그대 떠난 슬픈
내 가슴에도
보슬비 내려
괴롭고 괴로웁건만
내리는 비에
모두 젖어도
가슴에 어린 당신의 향기
짙고 짙어만 간다.

1부. 나목의 노래

지난날 그리움 되어

깊은 곳에 잠자던 것이
쏙 얼굴을 내밀며
지난날을 속살거린다

먼 고향 어린 시절
뜨락을 나서면 개구쟁이들 첨벙대던 실개천
들판 건너 큰강 푸른 물결 아른댄다

깨복쟁이 친구들
이름도 얼굴도 가물가물
그래도 마을 흔든 고함소리 울린다

그 동무들 지금은 어느 곳에서
실개천의 추억
큰강 물결소리 출렁일까

그때를 그리워하며
혼자서 친구 만난 듯
흐뭇한 추억여행 미소 흐른다.

창가의 추억

우리는 나란히 창가에 서서
창 넘어 밤하늘의 별을 헤일 때
창문 가득 밝은 달빛 비추곤 했지

우리는 나란히 창가에 서서
노랗게 물들어가는 은행나무 보며
아름답게 늙어가는 노년 꿈을 꾸곤 했지

비록 당신 떠나갔지만
창가에 설 때마다
그 눈빛 그 미소 나와 함께 있네.

1부. 나목의 노래

창문 안에

아주 먼 어릴 적
산 밑에 초가집 한 채
창문 하나에 온 식구가
오붓이 기대 산다

창문 밖에 내다보이는
산의 울창한 숲
산기슭에 가득
계곡의 여울소리 청량하다

창문 안은
작은 궤짝 위에
이불 하나 덜렁
처량 가난이 가득하지만

아가들 웃음소리
물소리 새소리보다
아름답게 골짜기 울리는 것은
창문 안에 엄마가 있다는 것이다.

친구 이야기

친구 하나가 일찍 모친 잃고
새어머니 밑에 자랐다
초등학교 때
점심을 거르고 집에 오니
쓰러질 듯 허기져
삼배로 깁은 찢어진 소쿠리에서
깡 보리밥을 한 움큼 먹다 들켜
계모에게 맞아 코피가 났다
노력해 학계에 알려진
대학자가 되었으니
참으로 가상하고
그 인내와 결심 눈부시다
피난 시절의 내 고난도
아프고 힘들었으나
그 같은 마음고생은 없었으니
그래도 나는 행운이다.

1부. 나목의 노래

폭포

흰 머리 풀어헤친 여인
낭떠러지에서 내리뛴다

못 이룬 사랑 갈구하는 소리
주린 짐승처럼 울부짖고

물에 젖은 바위를
밤낮으로 때리고 깎는다

진한 그리움 한숨 되어
물안개로 피어오르고

한낮 햇살 번지면 임 오시려나
칠색 무지개 가슴에 핀다.

헝클어진 세상

늠름한 풍채로
눈웃음을 짓는구나

낡은 다리를 건너
이 골짝의 살진 언덕에
푸른 날개 겹겹이 펴들고
방치한 향기 훈풍에 풍기는
길쭉길쭉한 꽃이삭들

앙갈진 결실 속에
야무지고 감미로운 열매
화사한 정념 향기로운 연소인가
나의 마음 여위는 것은
마음 열 길이 없어서다.

1부. 나목의 노래

회상의 바다

찬란한 아침 태양이
앞 베란다 창문을 개선장군처럼
밀고 들어와 온 마루를 뒤덮어 눈부시다

따끈한 커피 잔을 들고
오랜만에 러브테이블에 앉으니
그대 여전히 거기 맑은 넋이 앉아있다

빛나는 눈동자에
웃으면 가늘어지고 살짝 올라가는 눈웃음
여전히 생기발랄한 미소 짓는다

처음 만나 부른 사랑의 노래
지금도 그 골짜기 그 호수 위에
울창한 숲 사이를 울려 퍼지고 있겠지

발랄하고 즐겁게
변함없는 삶을
행복하게 살라 눈짓한다

비눗방울처럼 방울방울
그의 선명한 영상 떠오르고
회상의 바다에 한없이 빠져든다.

오늘은

매일 같은 날인 듯
오늘 오늘은 계속된다

해가 동에서 올라오고
긴 하루를 지나
서쪽 하늘을 물들일 때
지친 밤의 어둠이 시작한다

다시 새로운 아침은 열리고
같은 듯 같지 않은 하루는
또다시 지나간다

어제와 내일은 오직
오늘이 있어서 존재하는 듯
영원의 징검다리 건너
삶의 보석 같은 순간 오늘에
충실하자
사랑하자
나의 인생이다 오늘은.

1부. 나목의 노래

영혼의 울림

곧 돌아올 것 같은 당신
침대를 정돈하고 돌아서니
사진 속에서 그 사람
미소를 짓고 있다

서예를 즐겨하시던
벼루의 먹물 내음
유화의 종이 내음
아직 그대로 기다린다

일생 내 맘 다 바쳐
사랑했던 당신은
이제 슬픔만 남겨놓고
돌아올 기약 없다

하지만 가슴에 남은
당신 영혼의 울림은
어쩔 수 없이
끝끝내 내 가슴에서 풀무질하고 있다.

오금교 다리 밑

오금교 다리 밑
많은 사람들 웅성이고
강가에 물새들 춤을 춘다

연인들이 은밀한 속삭임
행복의 밀어들
강물 따라 출렁인다

달구어진 시간 여위어가고
다리 밑 그늘진 바람
더위를 다독인다

멀리 들려오는
매미들 합창 소리에
여름은 뜨겁게 익어간다.

1부. 나목의 노래

연리지

한 핏줄이면서 철천지원수 보듯
긴 세월 가슴에 옹이져
세월은 아랑곳없이 오늘에 이르렀다

산에 푸른 두 소나무 두 가지가 하나 되어
몸을 부벼 섞어
연리지 이루었다

남과 북이 오랜 냉전 뒤로 하고
정상들 회담하니
새봄의 새싹 돋듯 통일의 꿈 이루려나

두 소나무 하나 되듯
모름지기 온 국민 연리지 되어
통일 강산 이루고져.

엄마의 뜨락

정지에 아침저녁 냇내 연기에
쓰린 눈 비비며 강냉이밥 끓는다
마당 한 귀퉁에 검은 장항아리들
먼지 낄라 파리 앉을세라 번쩍인다
밤낮 개구쟁이 어린 것들 뒤치다꺼리
하루 빨랫감만도 한 광주리
겨울 냇물에 손등이 갈라진다
여름 한철에는 밭에 김 매랴 땀에 절고
산에 땔감 져오는 일로 허리가 휘인다
물레질 무명실 자아내고 마당에 불 지피고
실 골라 옷감 짜느라 호롱불 밝힌다
종갓집 대소사가 이만저만
일가친척 이웃들 마당에 천막이 몇 개씩 쳐진다
엄마는 일에 묻혀 고운 얼굴
굵은 주름투성이 햇빛도 지쳐 눕는다
자식들 잘되라고 늘 쉬지 않고
시령님께 부뚜막에 장독대에 정한수 올리셨다
엄마의 뜨락은 울퉁불퉁 일의 강산이고
자식 위해 몸 살으신 희생으로 얼룩진 가시밭이었다.

1부. 나목의 노래

어스름 저녁

학교 운동장에 아무도 없다
저녁을 방금 마치고 무료하다
창가에 서니 자연 큰길이 보인다
차들은 쉴 새 없이 오고간다
인도에 신호등 파란불 켜진다
어깨가 처진 사람들
피로에 물든 발걸음
한 사람은 무엇인지 한 아름 안고
쓰러질 듯 힘겹게 간다
자전거 하나 아랑곳하지 않고 휭 지나가는데
바로 길가에는 바베큐라는 휘장 달은
후드 트럭 손님을 기다리는 초조한 모습
그 사이 기호 2번 최숙자 간판을 한
차량 한 대 지나간다
모두 다 당선할 수 없어 안타깝다
조용하고 느린 듯하나
사건은 흐르고 삶은 지쳐간다.

세상사 간이역 같다

세상사 바쁘게 돌아간다
흐린 날 맑은 날
기쁜 날 슬픈 날
자취도 없이 지나간다

행복한 날도 있었지
올망졸망 뽀얀 살이 오르며
튼실히 자란 과일 같은
건강히 자라는 아가들이 있고

열심히 살아온 삶의 자취
만남의 환희 이별의 쓰림
지울 수 없는 종적은
그대로 추억 속에 있는데

한번 간 시간은
돌아올 기약이 아주 없고
잠시 머물렀다 가는 세상사
여기가 간이역인 것만 같다.

1부. 나목의 노래

성장과 정돈의 공존

쭉 맑은 날씨에
적당히 속살대는 바람결
따끈히 내리쬐는 햇살
여행은 한층 재미를 더한다

웅장한 중정 동상
조각 같은 보초병
화려한 정원에
수려한 음악당과
101 타워에서 확 트인 시내 전망
세계 4대에 드는 69만점 대형 박물관
지질 공원의 퀸스헤드
살찐 달콤한 사과망고
많은 야시장
활력 넘치는 삶
뛰어난 지도자의 향기가 살아있다

한편 정돈된 삶의 일면도 있다
70~80년대의 오랜 건축물
많이 눈에 들어온다.

석양 속의 노부부

기우는 석양 등지고
안양천가 나무 밑에
노부부 희끗희끗 하얀 머리 위 얹고
깊은 주름진 지난 세월
험난한 삶의
찌든 흔적 말한다

꼭 잡은 두 손
무슨 사연이 그리 많아
저무는 석양 속에
갈 생각 잊고
깊은 사연에 맞잡은 손

저물어 가는 강가
쓸쓸한 노부부
마주 보는 눈가에
깊이 흐르는 침묵
은빛 눈물지우고 있다.

1부. 나목의 노래

섬진강에 와서

매화향 찾아 남도에 오니
벚꽃이 한창이네

반짝이는 섬진강 누웠고
화엄사 사성암 풍광이 맑다

명창 키워낸 수락폭포 시원하고
맑은 재첩국 한 사발 목축이면

토지의 최참판댁 평사리 모래사장
곡성의 레일바이크 달려간다

운치를 더하는 쌍계사 벚꽃길
조영남 황금동상 화개장터 북적대고

한 기억의 토막들 그대로인데
당신은 추억 속에만 있네

빈 잔 같은 가슴 채울 길 없이
먼 산 그리매 외롭기만 하다.

상상의 환희

하는 일마다 안 되는 것이 없다
배우는 것마다 못할 것이 없다
무엇이든 불가능은 없다

계획하는 것마다 못 이룰 것이 없고
어떤 아픔이든 슬픔은 없다
슬픔에도 불행은 없다

어려운 일에도 고통은 없다
자갈길에도 불편은 없다
인생길이 돌부리길인 것을
배신에도 미움은 없다
다른 여인을 사랑해도 질투는 없다
세상이 온통 행복일 수 있으리라

만나는 사람마다 사랑이 넘친다
사랑할 수 없는 모든 사랑 가지니
온 세상은 모두 내 것이다.

1부. 나목의 노래

사랑은 느낌이다

그대는 늘 나를 사로잡는다
침울할 때에도 날 웃게 하고
내게 흠뻑 빠진 모습 기쁨을 준다

그대는 나를 휘어잡는다
내게 좋아한다고 속삭이면
온몸이 흔들리고 떨린다

그대는 나를 항상 축제에 초대한다
나는 그대 생각하면
축제에 온 듯 마음 들뜬다

그대는 항상 내 눈에 아른거린다
얼굴이 없고 만질 수 없어도
가슴 깊이 연민을 느낀다.

삶은 행복의 바다

인생은 고해라고들 하지만
그것은 오직
시각의 다름이리라

철부지 어릴 적에는
온실 같은 정원으로
부족 없는 사랑 속에

학창 시절에는
잘 가꾸어진 정원으로
근엄한 스승님들 가르침에

성인이 되어서는
가시 같은 거친 바람도 있었으나
남편의 중후한 꽃그늘 밑에 편안한 나날들에

그중에 곱게 피어나는
여린 자식 꽃들은
기쁨이요 행복이다

이제 뉘엿뉘엿 서산에 해가 질 때가 되어
외로움은 향기처럼 번지지만
아직 이룰 꿈이 남아
삶이 행복으로 가득 차오른다.

1부. 나목의 노래

발자국

어느 시인이 썼던가
눈 위의 발자국을 보면
걸어간 사람
그의 역사를 안다고

또 바로 난 걸음의 자국은
심지가 곧은 삶의 주인공
갈지자 발자국은
술을 사랑한 남자라고

발자국 모양도 많아
꽃 같은 모양
꿋꿋한 작대기 모양
둥글둥글 공 형상 가지가지다

언제나 함께 걸어온 그대
그대와 내가 남긴 긴 발자국들로 남았다
이제는 혼자 가는 흔적의 자국에는
외로움이 묻어날 것이니.

바람

바람은 피부로 느낄 수는 있어도
볼 수 없고 만질 수가 없는
있는 듯 없는 듯한 것이 어디나 있다

꽃잎을 살짝 입 맞추는가 하면
어느새 푸른 들판을 훑고
푸른 숲을 휘갈긴다

더운 날에는 생명수 같은 한 모금으로
속을 식히면 눈이 뜨여
흐릿한 머리가 정신 번쩍 든다

바람이 일렁이면
잔잔한 바다를 노하게 하여
배를 뒤집고 가라앉힌다

때론 화난 여인처럼 앙칼지고
때론 순한 양같이 착해
인생사 서사시를 읊조린다.

마음의 날개

눈에 보이지 않는
크기를 가늠할 수 없고
맛도 색도 없으나 마음은
한없이 넓고 깊은 바다 같다

바다에는 많은 종류
어류가 있고 물범 고래
큰 배 작은 배
수많은 갈매기 품어준다

옛적의 낡은 추억
험난한 기억 고운 꿈
항상 애타게 보고 싶은
마음속 깊은 곳에 그대 있다

마음의 날개 있다면
풍랑이 거세어도
언제라도 날아가
그리운 품에 안기고 싶다.

나의 아버지

싸하니 아리다 가슴이
못다 한 부성애
안타까워 먼 산 보시던 아버지

일주일에 한 장씩 보낸 엽서
정직, 근검, 절약 이르시고
시계추처럼 정확하신 아버지

열 오른 딸 위해
한밤중 찬이슬에
약 사들고 달려오신 아버지

연로하신 몸으로
포도주 한 잔
그리워하셨던 아버지

건강에 해롭다며 돌아서서
아픈 후회 남기고
언제나 나는 괜찮다고 하시며
서늘한 미소 흐리시던 아버지
집안의 버팀목이시던
이제는 볼 수 없는 아버지
죄송합니다.

1부. 나목의 노래

2부. 나의 정원

나의 정원

살랑살랑 초봄의 바람결이
마른 가지를 스친다

푸른 하늘가에 흰 구름
두둥실 훈풍 싣고 나른다

한적한 방안에
묵은 추억들은 변함없다

섬진 강변의 꽃소식 들리면
나의 정원에 연초록 싹이 돋고

겨우내 웅크렸던
꽃씨들 새 생명이 태동한다

정원에 봄꽃 소식 전하면
그대 오시려나 가슴 설레인다

그대 오시는 날
꽃향기 널리 퍼져
행복 온통 만발하리다.

그대 그리고 내 가슴에

그대 그리고 내 가슴에
맑고 빛나는 봄 햇살
저리 눈부시고
봄꽃 향기에
가슴 일렁인다

그대 그리고 내 가슴에
침울했던 시절
따스한 입맞춤의 전율은
살랑이는 봄바람이
봄의 속삭임이다

그대 그리고 내 가슴에
남은 우리의 삶 동안
서로 아끼는 마음 나누고
티 없이 맑은 순정으로
곱게 곱게 봄꽃으로 피어나자.

2부. 나의 정원

벚꽃나무 아래서

벚꽃이 피는가 싶더니
하얗게 빛이 바래
한잎 두잎 뜨락에 내린다

머리 위에도 어깨 위에도
꽃잎은 소복소복 내려와
그리움처럼 쌓인다

산들산들 산들바람에
꽃가지 흔들려
꽃비로 여기저기 흩어진다

한 줌 그리움을 움켜쥐고
유유히 흐르는 섬진강에 뿌려
님께 내 마음 보낸다.

벚꽃을 보며

벚꽃이 활짝 피어
불그레 꽃길이 열린다

만발한 꽃 속에 그대
살짝 숨으셨나

바람결에 그대
고운 목소리 들리는 듯

그대 체취 꽃향기 타고
가슴에 스며오네

그리는 마음은 그대 만난 듯
벚꽃과 함께 설렌다.

2부. 나의 정원

5월

봄바람 꽃향기 싣고 오면
대지 연초록 새싹 토해내고
봄꽃이 지면 4월은 가고

지난가을에 심은
미루나무 화살나무
푸르게 잎이 짙어지면
옛사랑이 그립다

세월이 간다고
주름이 늘어난다고
친구가 떠나간다고
한숨 지으면 뭣하리

5월 빛나는 햇살이
가로수 위에 내려앉고
내 삶의 무게가
어깨 위에 무거워지면
꿈속에나마 나 고향 찾아가리.

봄바람

잔잔한 바다에 살랑대는 봄바람
지평선에 꿈길을 열고

잘 자고 기지개를 켜는 순간 봄바람
휘파람 불며 돛대의 기폭을 흔든다

해변의 모래사장을 지난 봄바람
정원의 흰 백합봉오리 스쳐 벙글게 하고

들판의 잡초들도 때를 만난 듯
꽃을 피우고 봄바람을 반긴다

갯버들 나뭇가지를 흔들어
연초록 잎눈을 틔우고

거리의 흙먼지 일으키며 날아와
창문 안 내 가슴에 안긴다.

2부. 나의 정원

봄비

지난밤 창문
두드리는 봄비 소리
오랜 가뭄에
반가운 손님이다

아침 햇살이 번지니
따사로운 훈풍
여린 가지를 희롱하고
연초록 새싹이 쏙 올라온다

임 향한 목마른 그리움의 봄비가
가만히 볼에 스치니
임의 숨결 같구나.

사랑은 흐른다

꽃봉오리가
햇빛을 갈구하듯
물고기가
맑은 물 기다리듯
목마르게 그대 찾아
사랑은 흐른다

가슴은 뛰고
숨은 막히고
그리움은 폭풍처럼
밀려오고
강물처럼 사랑은
유유히 흐른다.

2부. 나의 정원

삶의 가락

봄날의 역동적 에너지 천지를 흔든다
소리 외쳐라 울부짖어라

역동은 지축을 흔들고
먹구름 몰고와 마른 땅을 적신다

골짜기에 물소리
숲속의 새소리 촉촉이 울리고

정원의 꽃봉오리 덩달아
수집은 입술 벙글고 열매 맺는다

먼 훗날 잊혀져가는 아름다운
노랫가락처럼 그리움으로 남는다.

봄은 생명이다

화단의 앙상한 가지에
연둣빛 파란 싹이 솜털처럼
송골송골 수줍은 미소 번지고

개울 물소리 차가운데
돌 밑에 개구리 다리 쏙 내밀어
겨울잠 밀치는 소리 들린다

며칠 전 부화한 듯
둥지 안 까치 새끼들
어미 보살핌 마신다

메마른 내 가슴에도
봄 같은 연둣빛 사랑이
꽃봉오리로 움튼다.

봄의 노래

봄 햇살이
겨울잠 깨우니
따사로운 입맞춤에
잠든 대지가 기지개를 켠다

따사로운 바람이
나뭇가지 흔드니
초록 새싹들이
뾰족뾰족 눈을 틔운다

두꺼운 얼음 밑에 물소리 졸졸 흘러
계절의 변화를 알리니
산새가 울고
노루 사슴 산허리에 뛰논다

둑방 위에 올라서서
먼 산 봄 아지랑이
아롱아롱 바람 타고
내 사랑인 듯 나를 반긴다.

봄의 수채화

흰눈이 희끗희끗 날리던 언덕에
봄 입김에 숲은 연초록 치마입고
뚜벅뚜벅 걸어온다

봄처녀 진달래 아가씨
진분홍 드레스입고
애교 넘친 걸음으로 사뿐사뿐 걸어온다

봄뜰에 핀 목련꽃
하얀 가슴 열고
임 반겨 웃는다

봄은 마법의 화가인가 봐
너른 들판 화판에다
수채화 잘도 그린다.

봉사의 꽃

자갈길 같은 세상사지만
마음 아플 일 없고
밤 가면 아침 오듯 희망은 밝다

남을 위해 사는 것이 행복이라면
오늘 이태리 신부님
앞치마 입고 배고픈 사람 줄 밥 푼다

웃음이 끊이지 않고
얼굴 가득한 행복한 꽃이
활짝 얼굴에 피었다

백합보다 곱고
장미보다 향기로운
봉사의 꽃으로 사랑이 피어난다.

비바람아 불어라

초목도 목이 말라 가지가 늘어지고
골짜기에 물줄기도 지쳐 누웠다

산길마다 갈증에 땅이 터지고
사람 발길 뜸하니 내 님은 언제 오려나

비바람아 불어라
기진해 쓰러진 대지
흔들어 일으켜 세워라

그 바람결에 내 님도 싣고
늦기 전에 오려무나
비바람아 불어라
내 님 싣고 오려무나.

비가 내리네

연일 비가 내리네
거리에도 정원에도
창문마다 빗방울로 반짝인다

비가 내리는 그 어느 날
우린 같이 어느 오솔길을
끝도 없이 걸어갔다

조용히 내리는
비의 노래여
말없이 걷는
우리의 노래여

영원할 것 같던
행복의 노래는
어느 곳에서 헤매이는가
내 가슴에 비가 내린다.

비밀

표정이 굳어져 있고
눈을 잘 맞추지 않으며
태도가 어색하다

냄새나는 저 구석진 곳에
남의 눈을 피하여
음울한 나날이 흐른다

세상으로 머리를
내밀려 하면
윽박질러 밀어 넣는다

우리는 입을 열지 않고
열 수 없는 자물쇠
이문 저문 꼭꼭 채운다

세상은 궁금해 찝쩍여도
우리는 입을 꾹 다물고
모르는 척한다

숨기는 것은 더욱 알고 싶지만
지켜져야 하는 것이
비밀이다.

2부. 나의 정원

벌 나비 사라지다

꽃들 봄모임 입니다

사과꽃 벌에 희롱 당했다고
울먹이며 하소연 한다

매화는 벌에 고통당했다고
수줍어 말을 잇지 못한다
배꽃도 눈물로 호소
벌 나비를 응징해야 한다고 소리친다

그해 가을
과일 시장 텅텅 비어
과일장수 할일 없이 하품만 한다.

수양버들

긴 머리 늘어뜨리고
깊은 시름에 젖어
진종일 흐느적거린다

전설을 읊어대는가
주문을 외우는가
네 외침은 내 영혼을 흔든다

냇물에 비친 그림자
온몸으로 춤추듯 요염해
내 발목을 잡고 놓지 않는다.

2부. 나의 정원

숲속 수다쟁이들의 봄

연초록 숲속 산까치
까악까악 울어
산유화 봉오리가 놀라 깬다

보고픈 봄소식에 놀란 다람쥐
쪼르륵 도토리 헤쳐 물고
달리기 숨 가쁘다

산 노루 허기진 달음질로
이리 뛰고 저리 뛰고
산허리가 휘청거리고

이 골짝 저 골짝
진달래 철쭉 다투어 웃음을 팔아
살맛 나는 제 세상이다

산 숲은 언제나 부산한
수다쟁이들이 봄을 만끽한다
나도 함께 수다를 떨고 싶구나.

슬픈 사랑의 창문

시시때때로 미소 지으며
창문을 두드린다

창문은 연약하여
갈대처럼 흔들린다

창문의 긴 빗장은
침묵의 세월을 말한다

열 수 없는 창문에 기대어
깊은 상처를 붕대로 싸맨다.

슬픔의 향기

떠나간 것은 그립고 그립다
잃어버린 것은 아쉽고 아쉽다
잊혀진 것은 슬프고 슬프다

슬픔을 느낀다는 것은
아직 다 잊혀지지 않았다는 것
마음 한구석에 뭔가 또아리 틀고있다

수시로 고개를 쳐들고
얼굴을 내미는 건
아픈 상처일런가

잊혀지지 않는 사랑의 슬픔은
아름답고 향기롭다
그래서 사랑은 못 잊는다 하지 않던가.

지지 않는 꽃

봄꽃은 곱고
향기 짙어도
산들바람
미풍에 지고

봄이 가면
여름 오고
가을 가면
겨울 온다

꽃 피고 지고
계절 오고 가도
내 맘에 핀 사랑의 꽃
영원하리라.

2부. 나의 정원

이른 봄 산책길

아직 싸늘한 바람이
양볼을 스치고
도림천 살얼음이 몸을 사린다

개천가에 들풀이
파릇파릇 봄볕에
수줍게 볼을 비빈다

겨울 찬 서리 내리면
강가의 물오리 어디 갈까
걱정이 가슴 하나였는데

벌써 청둥오리 물오리가
강물에 무늬를 만들며
열심히 그림을 그린다

흰 물새 한 쌍도
안양천 위를 보란 듯이
날고 서로 기대어 따사롭다

미니 골프코스 족구장
축구장 게이트볼장 아직
한가하나 많은 사람 붐빌 것이다

U-12 유년 구로 야구팀
3등 획득했다는 프랑카드만
승리의 깃발처럼 펄럭인다

천천히 심호흡하며 걸으니
침침한 눈도 밝아지듯이 이 봄
맘과 몸 다져 약동하는 삶의 밭을 일구어야겠다.

2부. 나의 정원

첫 봄꽃

이봄 제일 먼저 피는 꽃
군자란 꽃잎 엷은 미소
햇살 따스하다

꽃대의 꽃잎들
활짝 입술을 여니
베란다 꽃빛에 물든다

탄성을 지르고
넋이 나간 듯 나는
펄쩍 기뻐 뛰며 환호한다.

호접란

부서지는 봄볕
벌 나비가 윙윙 나는 듯이
잔치가 한창
벌 나비군단 가지끝에 줄 섰네

잊혀져가는 먼 고향
내 어린 시절
화단에 봄이면
벌 나비 축제를 열었었네

동토의 땅이 된 지 수십 년
몰수된 미음자 화단 그집
양로원 됐다던데
벌 나비 지금 온전한지

호접란 하늘하늘
내 맘이 설레고
기억도 먼 고향집
눈앞에 무성영화처럼 다가온다.

2부. 나의 정원

풀꽃 행진

가슴 설레던 화사한 봄꽃들
살며시 숨는 사이
풀꽃들의 웃음소리
메아리친다

산책로에 제일 먼저
활짝 웃는 루드베키아는
노란 드레스에 검은 모자 쓰고
영원한 행복을 노래한다

유채꽃 진 자리
금계국들의 속삭임
천진한 소녀들의 합창으로
바람결에 그 위세 드높다

엄마의 사랑에
애기똥풀꽃 포동포동
노오란 살 꼬물꼬물
귀엽고 앙증스럽다

먼 사랑도 부르는
개망초들의 하얀 미소
먼 산의 행복도
가까이 불러 모은다

진홍 순정의 토끼풀꽃
추억의 괭이밥꽃
기쁜 소식의 금붓꽃
내 사랑 그대 민들레꽃

끝이 없이 이어지는
풀꽃들의 퍼레이드
그들의 눈웃음에
내 마음은 양지 볕에
눈 녹듯 스르르 녹는다.

2부. 나의 정원

흔들리며

새싹이 돋아날 때
껍질을 뚫고 나올 때
가로수 푸른 잎의 떨림
꽃잎이 피고 지고
그리고 사라진다

옹달샘 물이 땅을 헤집고
솟아올라 강물로 흐르고
바다에 이르러 파도로 부서질 때까지
흔들리며 흐른다

우리도 삶을 살며
전철을 타도 버스에 올라도
학교에 가고 집에 있어도
늘상 움직이며 흔들리며 산다

애틋한 사람에 걸려온
전화 한 통에 가슴 떨리고
기쁨에 전율할 때
예기치 못한 이별로 슬플 때
우리 마음은 흔들린다

흔들리지 않는 세상사가
어디에 있으랴.

유채꽃

산책길 따라 소담스럽게
유채꽃이 노란 웃음을
활짝 웃는다

소녀들 다소곳 모여
산들바람 춘흥에 겨워
어깨를 들썩인다

벌들은 제철 만난 듯
꿀 따느라
꽃밭은 바쁘다

냇가에 갯버들 한들대고
푸른 하늘 뭉게구름 피어올라
유채꽃이 봄 잔치 벌인다.

2부. 나의 정원

3부. 한여름의 산책길

한여름의 산책길

섭씨 35도를 오르내리는 한여름
산책길에 풀꽃들이 곱게 피어

산들산들 춤추고

금계화 노랑 꽃잎 햇볕에 반짝이고
크로바꽃 지천으로 늘어섰고
씀바귀꽃 개망초꽃 민들레
허드레 웃음으로 반긴다

갈아엎은 넓은 꽃밭에
까맣게 뿌려진 듯 비둘기 떼
흙 속에 씨알 찾는다

강변에 질펀한 풀내음
뜨거운 바람에 실려
코끝을 간질인다

쉴 새 없이 흐르는 땀
햇살에 익은 살결
나무 그늘에 앉아 식힌다.

꽃밭에 나비

꽃밭에 만발한 여름꽃들
아름답고 향기롭다

흰 나비 이꽃 저꽃
다니며 꽃을 희롱한다

빨강 노랑 여름꽃 때 이른 코스모스
색색의 백일홍꽃 잘도 난다

한 쌍의 나비가 꽃냄새에 취했는가
멀리멀리 사라져간다

벤치에 앉아있는 나에게
한 마리 나비 날아와 내가 꽃이 되었다.

3부. 한여름의 산책길

풋사랑 향기

5월이면 생각이 난다
비스듬한 언덕배기에
잎이 무성한 아카시아

어린 시절 아카시아 잎
따놓고 가위바위보
내기 딱밤 튀어 꽃이 핀다

강변에 아카시아꽃
신부 같은 하얀 드레스
향기도 짙다

아카시아 그 향기
먼 옛날의 풋사랑 향기인가
오늘도 가슴 마구 흔들리는.

폭풍의 아침

습도는 높고 푹푹 찌는
끈적이는 날씨
억수 같은 빗줄기
가로수를 때린다

조금 열린 창틈으로
폭군 같은 바람
화분의 꽃잎을
무참히 떨군다

유리창에 조롱조롱
맺혀있는 물방울 속으로
내가 빨려 들어간다

그대 불타는 눈동자
애타는 그리움
밀려오는 태풍처럼
가슴을 휩쓸고 간다.

3부. 한여름의 산책길

폭염

지구와 태양의 뜨건 사랑 열기에
선잠에서 깨어난다

동식물이 타는 줄도 모르고
사랑의 열기 끝없이 타오른다

대지가 이글거리고
농원의 청포도 단맛에 물든다

살짝이 불어오는 미풍에도
가슴 터질 듯 숨이 막히고

타오르는 사랑의 열기
용광로처럼 사른다.

폭우 소리

간밤에 창문 두드리는 소리
지붕을 때리는 요란한 소동에
잠 못 이루었다

그대 어느 곳에서
어떤 소문 들었길래
그리 성나고 열에 받쳤는가

삶의 허접한 쓰레기 너부러져
냄새나는 곳을
다녀오는 참인가

정치인들이 말씨름에
역겨운 내음 풍기는
광장을 지나왔나

강물이 넘치니
갈대밭이 잠기고
그곳에 숨은 물새 갈 곳이 없다

세상 시끄러운 광란의 빗소리에
불면의 밤 이 폭우는
끝내 멈추지 않으려나.

3부. 한여름의 산책길

파도

끊임없이 출렁이고
휩쓰는 괴성 해안을 흔든다

거세게 몰려와 바위에
힘껏 부딪쳐 부서지며

한낮에는 눈부신 햇살에
살랑 은빛 물결 애교도 떨고

밤이면 울부짖는 소리
잠 못 이루고 괴로워한다

격한 청춘의 노래
끝없이 이어져 출렁인다

얼마나 많이 참아 왔으면
그리 푸르게 응어리진 걸까

파도여
울부짖어라
함성을 질러라
그 응어리 새하얗게 부서질 때까지.

전곡항 빨간 등대길

바다라고 다 바다일까
유독 파도에 출렁이는 전곡항 요트가
오늘따라 내 모습 같아 조바심이 가슴 훑는다

흰 갈매기 반기고
수평선 넘어 바닷바람 춤추고
뱃고동 소리로 하늘을 난다

바다 위의 산책길
시어들 달리는 빨간 등대길에
나 홀로 멈춰서서 생각에 잠긴다

청청 높은 하늘 아래
빨간 등대길 새색시 볼 마냥
내 시가 부끄러워 얼굴을 붉히고 있다.

길

소음이 가득한 찻길
산들바람 소곤대는 산길

쭉 뻗은 신작로길
꼬부라진 좁다란 오솔길

많은 길 중에 가장 힘든 길
인생길 오르막길

꽃길이든 가시밭길이든
우리 모두가 가야하는 길은 따로 있다

좋든 나쁘든 내게 맡겨진 길이라면
내가 책임지고 가야할 길.

가로수 그늘

한낮의 햇살이 거리를 달구고
아스팔트 기력을 잃고 누었다
가로수 온몸이 물에 잠기듯
땀범벅이다
얼굴에도 흐르는 땀방울
손등 대신 화장지로 씻고
군데군데 들러붙어
화장 패션 선보인다
햇빛을 피할 곳 두리번두리번
땀을 잠시 거두어 낼 곳
허겁지겁 찾아서 나서면
목욕탕에서 방금 나온 듯
증기에 데쳐낸 듯
뜨건 맘 잠시 가라앉히는 곳
그곳은 바로 가로수 그늘.

나의 섬

파도치는 바다에도
평화스런 나의 섬 만들어간다

물새가 지친 나래를 펴고 날아
풍랑 피해 가는 작은 배를 보듬어주고

밤이면 창백한 달빛에
내 가슴 외로움으로 젖지만

그대에게 언제라도
나의 섬은 안식처가 되리니.

낮잠

삼시를 제때에 잘 먹어도
허하거나 뭣인가 모자람을
느끼는 때가 있다

과일을 먹거나
쿠키 커피와 곁들여 먹으면
다음 한 끼가 매우 가벼워지기도 한다

잠깐 선잠이 들었는데
잠은 점점 자라나 커지더니
꿈을 불러와서 가파른 절벽을 오른다

절벽 꼭대기에 이르러
잠과 꿈은 절벽 밑의 푸른 바다로
다이빙을 한다

둘은 시원한 바닷물 속에서
가마솥 같은 더위를 잊고
낮잠 한없이 달콤하나 허전한 꿈이다.

도시 뒷골목

태양이 지쳐 어스름
토해내는 어둠을 타고
사람들 모여 들면
뒷골목 장터가 된다

큰길에 달리는 차 소리에
현기증이 날 것같이
정신이 몽롱해진다

소주잔이 한 순배 돌고나면
자기 하소연에
왁자지껄 소란 피운다

애틋한 옛사랑 이야기
빚보증에 가산 날린 이야기
교통사고 아픈 이야기
모두 애절하다

취객의 고함소리 높아
귀향길 아랑곳없이
뒷골목 밤은 깊어만 간다.

두견새

푸른 솔 붉은 단풍
곱게 여울지던 가을
속절없이 가듯 내 님은 갔습니다

그대 떠난 자리
초겨울 찬바람
서늘한 가슴에 휘몰아 듭니다

급히 떠날 줄 알았으면
식어가는 심장에 풀무질해
원없는 사랑꽃 피웠을 것을
회색 짙은 구름에 눈물 싣고
두견새 밤새 피 토하는 울음
가슴에 애달픈 그리움 어찌 막으랴.

3부. 한여름의 산책길

들꽃 처녀

오지 동네 앳된 가시나 하나
햇빛에 익은 얼굴로
해맑은 미소 머금고
가녀린 몸매 한들대며 걷는다

긴 머리 곱게 따 내린
나긋한 몸매
동네 노총각들
침을 삼킨다

이산 저산 약초 캐러
걸망태 둘러메고
엉덩이 걸음칠 때
치맛자락 펄럭인다

오지 마을에 태어나
들꽃처럼 살아도
마음만은 박속같아
한생 복 받으실 들꽃처녀.

등대지기

에메랄드빛 푸른 물은 맑고 반짝인다
잔잔하다가도 성난 짐승처럼 포효한다
점점이 떠가는 조각배들
하늘 나는 새떼인 양 줄지어 그림자 드리운다

풍상을 말해주듯
모시실 바구니 같은 형상의 할아버지는
가파른 나사형의 높고 많은 계단
가끔은 아찔 넘어져 미끄러질뻔 아슬아슬하게
꼭대기 오르면 확 트인 바닷내음 가슴이 뻥 뚫린다

수평선 아래로 퐁당 찬란히 빛나던 해 떨어지면
노인은 그 위험한 계단을 또 올라
어둔 바다 위의 등대에 희망을 밝히며
삶의 맛을 달콤하게 씹는다.

3부. 한여름의 산책길

등산의 기쁨

관악산 오른 지가 언제였던가
등산 간다기에 호기심이 동해
새벽같이 일어나
간밤에 들끓는 열대로
천근같은 몸이 바람 속을 나는 듯하다

상큼한 나무 냄새
나뭇잎 흔드는 산바람
나를 취하게 하고
바위 아저씨 눈인사
고색이 묻어나는 산사 연주암
스님의 목탁 소리 피로 사른다

나풀대는 푸른 나뭇잎
기분은 그 위에 앉아
바람결 따라 나른다
꿈같은 등산 어느새
정상에 황금 햇살 쏟아지고
청청 나무숲은 나의 친구다
야호 야호!

뗏뿌루 해변의 연서

가을의 상큼한 햇살에
흰 모래가 해변을 포근히 감싸고
하늘이 안긴 바닷물
살짝살짝 모래를 희롱한다

제철 지난 해변은
낭만의 자국 지우고
추억만 남아
파도 소리만 높다

여름철 뜨거운 사랑 고백
바닷고기 등에 실려
어디로 흘러갔나

하늘빛 수평선 넘어
멀리 떠나간 조각배
언제 돌아오려나

출렁이는 바닷내음
따끈한 당신 연서의 입김인가
푸른 파도에 가슴만 일렁인다.

3부. 한여름의 산책길

라일락

라일락 봉오리 한 잎 두 잎 터지네
꽃잎 필 때 나는 설레인다

바람은 기뻐 휘파람 불어
꽃잎을 흔든다

라일락 향기 가슴에 스미고
첫사랑 체취 코끝에 스친다

이제는 남이지만 그대 향기
언 가슴에 따스한 한 점 남아있다

이슬 머금은 라일락 꽃잎
아침 햇살이 애무한다.

망월대

오밀조밀 봉긋한 봉우리들
초록빛 짙어가는 골짜기
미풍이 아지랑이로 나르고

깔끔하게 정돈된 휴식 쉼터
방금 씻은 듯 해맑은 얼굴
황금빛 햇살 미소 찬란하다

떠나간 속절없는 사랑
아픔이 서렸어도
님 그리는 마음 넋 언저리에 머문다

넘실거리는 청풍호수
진달래 붉은 산천이
눈앞에 그림처럼 아름답다

푸른 물결에 미끄러지는 유람선
그리운 님 부름인가
출렁이는 물결 소리 가슴 따라 울렁인다.

4부. 가을 나들이

가을 나들이

한여름을 에어컨 끼고
방에 들어앉았더니 어느덧
살랑이는 계절의 속삭임 창가에 가득하다

오랜만에 나온 가을 나들이
가슴은 하늘빛을 색칠하고
흥겨운 노래 가락에 흥이 절로 자욱하다

푸른 하늘 흰구름 조각품은
호수는 가을사랑 꽃피고
연인들 행복이 달콤하게 흐른다

이 풍성한 좋은 시절
저 연인들처럼 기리는 이 나도 만나려나
가을 나들이에 가슴 푸르게 부푼다.

가을 꽃밭

가을꽃이
화사하게 만발
산책객의 마음을 흔든다

몽환적 분위기 자아내는
이국적인 솜사탕 같은 꽃
핑크뮬리 핑크빛 사랑
유혹의 입김 달달 하다

순정과 애정이 흐르는
분홍 빨강 노랑의 코스모스
가냘픈 가지마다
바람결이 나부낀다

강변 산책 길가에
가을꽃 한참 일렁이는데
벌 나비는 어디 갔는지
가을 꽃밭이 하늘만 가득하다.

4부. 가을 나들이

가을 내음

여름의 진한 초록 내음
넘쳐 넘쳐 질펀히 번져
이제는 그 힘이 기진한가 보다

나뭇잎 위에 노란 내음 내려앉고
가을 꽃잎은
가을 숨을 몰아쉬고

아침저녁 산들바람으로
뜨겁게 익은 붉은 마음을
가을은 토해낸다

사과 배의 달달한 속살내음
새콤달콤 과일의 향기
신비한 가을이 준 내음이다

삽상한 가을에
설익은 내 시가
가을 내음으로 물씬 익으면 좋겠다.

가을 들녘

황금빛 바람에 출렁이는 파도
사랑을 토해내고
풍요를 노래한다

늦가을 햇살에
풋풋한 사랑 열매가 영글어
그리운 이의 품을 기다린다

허기진 가슴
가자구나 너를 고대한다
사랑이 살찌는 가을 들녘으로

새콤달콤한 풋사랑의 열매는
아름다운 사랑의 꽃씨 안고
홀로 영근다.

4부. 가을 나들이

가을 빗님

만나지 말아야 할 그대
한없는 미련이 남아
돌아보고 또 돌아보며 눈물 짓는다

미적거리며 맴도는 그대
발목을 잡고 떠날 수 없다고
애원한다

상처 입는 그대
이별을 끌수록 괴로움 더하고
가을 빗님은 차마 못 보내는 내 님.

가을 여인

계절이 바뀌니
고운 가을빛이
창틀에 매달린다

정원의 나뭇잎도
푸르고 푸르던 날
추억 속에 묻고

하늘이 낮다고
치솟던 자존도 내려놓고
단풍 같은 사랑 꿈꾼다

모든 것 다 주고 싶은
뜨거운 애정 솟구쳐
얼굴에 꽃빛으로 물들고

껴안고 싶고 품고 싶은
가랑잎 같은 목마른 갈증
가슴 깊이 앙가슴 앓는다.

4부. 가을 나들이

가을 편지

그리운 이여

가을은
붉은 태양 머금고
은빛 물결 출렁이는
바다 같아요

뜨거운 한여름 숨결
청록 사랑 안고
장밋빛 열정 감춘
달콤한 열매의 향연 한참이고

빛나고 황홀한 저녁놀
언덕에 걸터앉아
그리운 그대 가슴 바다에
선홍빛 꽃 편지 띄웁니다.

가을 햇살

햇살 아가씨 가을 빛깔 옷 갈아입고
가을꽃 위에
살포시 앉아 있습니다

실란꽃은 수줍어
입을 뾰족 내밀고
하얀 미소로 대답합니다

가을 햇살 아가씨 마루에 들어와
살짝 치마를 펼치며
다소곳이 옷깃을 여밉니다

초가을 바람이 따라와
여기저기 둘러보며
수선을 떱니다

푸른 하늘 흰 구름
산마루 위에서 성일 때
나는 할 일 없이 가슴이 울렁입니다.

4부. 가을 나들이

가을에 핀 장미

청록이 싱싱했던 시절 지나
그대의 화려한 시간도 간
입들이 노릇노릇
겨울 준비에 바쁜 늦가을에

그대 많은 친구들 잎은
낙엽 되어 날리고
가을바람 차가운데
홀로 빨간 볼에 향기 짙구나

그 슬기
그 저력
그 인내가
무엇인가 말해 다오

찬바람 늦가을에
우리 인생도 그대처럼
오래 청청 젊게 살고저.

가을의 날개

열기로 가득 숨 막혔던 여름 아씨
하얀 미소 머금고
저만치 언덕 모퉁이를 돌아 애잔히 멀어진다

가을의 날갯짓에 사랑 이는 바람
호숫가에 용의 비늘 같은 잔물결 번지고
페투니아 맛수국을 애무한다

꽃들은 수줍은 듯 꽃잎이 팔랑이고
예쁜 몸짓에 빠지는데
벌 나비는 간데없고 잠자리 춤만 풍성하다

여름에 지친 푸른 나뭇잎
고운 새 옷으로 갈아입고
가을의 날개 달고 하늘가를 물들인다.

4부. 가을 나들이

구절초 사랑

동산에 이르니
비는 간데없고
구절초 하늘 환히 열린다

조금 전 내린 물빛에
함초롬히 젖은 얼굴
깊은 그리움 머금고 있다

쭉쭉 뻗은 노송아래
드넓게 일렁이는 꽃물결
구름 일 듯 번져 가고

활짝핀 하얀 꽃잎
농익은 여인의 미소
동산 가득하다

얼기설기 끌어안고
부푸는 꽃 사랑 내음
산 너머 굽이굽이 물결친다.

구절초 쌀강정

밤잠 설치고
장시간 버스 흔들려
사물이 흐릿 정신은 외출 중

구절초 쌀강정 한 개
간혹 땅콩도 있어
달콤 고소하다

쌀강정 엿이 강했나
아삭아삭 와르르
오두막 주저앉는다

정신이 나간 영혼에 번쩍
온몸을 구절초 향기로
나를 사로잡는다.

나의 가을

하늘의 흰 구름
멀리 떠나가고
드높은 창공은
드높고 푸르지만

살랑이는 바람결
다가올 이별 두려워 떨고
가을꽃 단풍 지면
들판의 황금 물결 스러진다

뺨에 스치는 가을바람
외로운 가슴 시리고
님 오지 않는 밤
그리움 눈물 되어 흐른다.

낙엽의 눈물

초록산은 향연을 뒤로한 채
창백하게 바랜 얼굴로
속살을 내어 줍니다

싸늘한 바람에 휘둘리고
날로 여위어가는 그대
예쁜 꽃단풍 옷도 잠시입니다

가을 찬바람에 날리는 낙엽은
폭신한 자리 내주고
길 위에 나뒹굽니다

아픔으로 울 새도 없이
우악스런 빗자루에 쓸려
다시는 돌아올 수 없는 길을 떠나갑니다

나도 너 같아
언젠가는 길 떠나야 하리
다시는 돌아올 수 없는 길로.

4부. 가을 나들이

내 가을은 오려는가

매미의 울음 멀어지니
쓰르라미 합창 높아가고
창문 흔드는 바람 땀을 씻어준다

여름의 축제는 찬란한 결실을 만드는가
과수원마다 매달린 과일들
황금빛 풍년을 노래한다

푸르른 청춘의 빛나던 날들 가고
눈빛 흐릿한 나에겐
소망만 열기구마냥 부푼다

세월의 벽시계
한치의 착오 없이 잘도 간다
내 삶의 황금빛 가을은 다시 오려는가.

내장사

오랜 역사 서려있는 고찰
청아한 대웅전의 목탁소리
내장산의 숨소리로 은혜롭다

자비의 향기가 번지고
계곡물 비파소리
사랑의 노래 흥겹게 흐른다

맑은 공기 달콤하고
속세의 무거운 발걸음이
깃털 날듯 가볍다

황금빛 별 무수히 쏟아지고
장미꽃보다 붉게 물든 단풍
산의 맑은 정기 껴안아 더욱 곱다

요염한 여인 옷자락 같은 단풍
너울너울 춤을 추는데
내 마음도 따라 우쭐댄다

가을이 아름다운 가람의
목탁 염불소리가
내 영혼을 맑게 헹군다.

4부. 가을 나들이

만추

풍요로운 가을의 향기는
붉은 단풍의 입김
사랑 속삭이는 따뜻한 온기다

연인의 사랑으로 달군 체온
가슴에 남아 그리운 그대
속삭이던 공원으로 줄달음친다

달콤한 기대는 꽃처럼 피어나고
사랑을 꿈꾸는 여인
사랑의 추억에 가슴 울렁인다

내가 바라본 오직 그대뿐
내가 갈망한 오직 그대뿐
내가 사랑한 오직 그대뿐

만추에 갈바람 서걱이고
은빛 억새꽃 황혼에 물드는데
빈 벤치 위에는 낙엽만 쌓인다.

젖은 낙엽

보조개 붉은 볼에 살짝 웃는 모습
가슴을 설레게 하고
나를 매옵게 하는 듯하더니

산천 수없이 바뀌고
엉클어진 은실 타래
이 빠진 헛기침 집안을 흔든다

오늘은 어디 가나
먹을 것은 무엇이 있나
냉장고 속 잡동사니는 무엇이냐

구석구석 이일 저일
얽히고설키고 매달려
꼼짝달싹 않는다.

4부. 가을 나들이

5부. 첫눈

첫눈

잠에서 깨어보니
유리창 넘어
기다리던 첫눈이 옵니다

내 눈을 밝히는 순수가
슬몃 가슴 황홀감으로 부풀고
말간 볼에 꽃빛 수줍다

기쁨으로 충만한 눈동자
보는 것마다 신나는 것이
풍선처럼 떴다 사라진다

다이아몬드 가루처럼 빛나고
눈 깜짝하는 사이 사라지는
첫사랑 같은 순백의 기쁨이.

함박눈

한겨울 추위에
움츠리고 웅크리고
따스한 곳을 스멀스멀 쫓는다
창가에 가득
드리운 한 그림자
흰 눈을 한아름 안고 날아온다
한 송이 두 송이 내리던
흰 눈송이 차츰차츰
온 하늘을 가득 채우더니
마른 나뭇가지 위에
검은 아스팔트 위에
지나가는 차 위에 하얀 꽃을 피운다
먼 산허리에도
흐르는 냇가 풀밭에도
여린 풍년의 내음 따스히 싣고 온다.

5부. 첫눈

겨울 바닷가

한갓진 겨울 바닷가
잔잔한 파도가
말을 잃은 모래사장을 간질인다

가끔은 심심한 물결이 절벽 들이받아
포말을 밀어 올려
깔깔깔 웃음꽃 피운다

한낮 햇살에 잔물결
반짝반짝 윤슬 빛나고
파도만 왔다 갔다 물가 모래밭을 노닌다

지친 해가 수평선에 퐁당 빠지면
눈을 크게 뜨고
껌벅껌벅 신호 등대아저씨 보낸다

겨울 바닷가는 외롭고 쓸쓸하지만
끊임없는 물결 소리로
왁자지껄 새로운 꿈을 꾼다.

겨울산

벌거벗은 나목 북풍에 떨고
빛바랜 하얀 바위
베개 베고 누었다

골짜기 흐르던 물줄기
하얀 잠을 자고
고독한 산 나그네 되고

그리움에 애타는 사랑
잿빛 하늘에 멀어지는 구름 떼
산허리에서 눈물 짓는다

새들의 노랫소리 사라지고
적막이 흐르는 겨울산
봉우리 즐비하고

눈이 덮인 산마루
골짜기에 가득찬 외로움
가지마다 하얀 겨울이 걸려있다.

5부. 첫눈

바다

비릿한 바다의 향이
여인의 체취인양 번지면
해가 퐁당 얼굴을 묻는다

뜨거운 사랑의 숨소리
가슴에 심장을 흔들고
흰 입김 포말로 춤춘다

즐거운 사랑의 밤하늘에
별들의 속삭임 무르익고
어둠은 새로운 생명을 잉태한다

먼 수평선에 고요히 파도가 누우면
구름도 놀라는 붉은 덩어리
여명의 아씨 얼굴 쏙 내민다.

새날에 기대어

사랑하는 이여
기도처럼 새날이 열립니다
어제의 근심은 이제 지나갔어요
오늘은 새로운 맘의 기쁨으로 맞이해요
현재는 항상 기쁜 희망의 새길이 열립니다

사랑하는 이여
창을 통해 투명한 햇살이 마루에 누웠네요
연약하고 고운 햇살이 기쁨 싣고 오네요
환희의 노래 불러요
언제나 새날은 기쁨으로 가득찬 날이 됩니다

사랑하는 이여
힘껏 오늘을 누려요
일도 기쁜 마음으로 식사도 즐거운 마음으로
그러면 온 하루가 기쁨과 즐거움으로
저녁의 해가 꽃빛 노을 밟고 갈 겁니다

사랑하는 이여
물방울이 모여 바다 이루듯
오늘이 모여모여 우리의 삶이 되고
우리의 일생은 새날처럼
행복의 빛으로 환히 빛날 겁니다.

5부. 첫눈

행복

혼자 살고 있어
마음 쓰이는 친구가 있다

혼수상태에서 깨어나서
불행 중 다행이라고 믿고 있지만

새벽같이 전화해
다른 친구 전화번호 묻는다

깜짝 놀라 일찍 깨어나니
종일 피곤에 사로잡혀도

친구가 살아나 소식 주니
이보다 더 행복한 일이 있을까.

행복 찾은 친구

사랑하는 이 여의고
항상 아프고 외롭고
눈시울이 촉촉이 젖어 있던 친구

삶이 보기만 해도
가슴 시린 괴로움
참을 수 없는 고통이었던 친구

이민 간 아들 내외까지
자녀 모두 함께
가족여행으로 기운 찾은 친구

동화속의 공주처럼
나를 듯 웃음이 넘치고
기쁨이 날갯짓한다

행복이 뚝뚝 떨어지는 여인아
우울증 밀어내고
행복을 찾았구나.

첫사랑의 추억

조용하던 가슴이 뛰고
말아간 볼에 분홍 꽃 피고
얼굴에는 미소가 번지고
눈동자 빛난다

새소리 즐겁고
앞 도랑의 물소리 새롭고
날마다 뜨는 햇살 신비롭고
세상 모든 것이 아름답다

흥겨운 노래가 절로 나고
뜨락 모퉁이에 모란이 활짝 웃고
하늘 높이 나는 듯 가슴이 붕 뜬 듯
삶이 한없이 행복하다

뛰는 심장 소리 들킬라
옷깃을 여미고
가슴 터질 듯한 환희
미소 가득 푸른 하늘이 나를 훔쳐본다.

입춘에

제일 추운 이 겨울날
발이 꽁꽁 얼어
내 발같지 않고
손가락도 감각이 없다

얼음의 악마가
얼음의 입김에
얼음의 심장 고동인가
나는 얼음이 되어 쓰러질 듯하다

그 얼음의 악마 이제
그 못된 정체 짐 싸야겠다
봄의 따사로운 햇살에
이겨내지 못하리

볕이 쏟아지는 봄날에
행복 건강 그리고
행운이 술술
경사스러운 일 가득 넘치리라

화사하게 번지는 향기로
연초록 그리움으로
그대 맞이할 꽃씨를
내 가슴밭에 심는다.

5부. 첫눈

詩해설

大自然과 生活體驗에서 소재를 얻어
여린 감성으로 직조한 서정시

김인녀 시인의 시집 '나목의 노래'를 읽고

도창회 (전 東國大 교수, 문학박사)

1

'시인은 시로 말하고, 수필가는 수필작품으로, 소설가는 소설로 말하라'란 말이 있다. 신비평(新批評家:New Criticism)가들이 자주 쓰는 말로 작가의 작품(Text)을 중심으로 비평하는 견해로, 다시 말하면 전기비평, 역사비평, 심리비평, 서지비평을 삼가 한다는 뜻이 내포된 뜻이기도 한다.

신비평은 화자(詩人)의 텍스트(詩)를 중심으로 비평하는 입장이고 보면 문학비평으로 바람직한 태도가 아닌가 한다.

평자인 본인도 詩評 쓸 적에 화자가 써낸 텍스트를 중심으로 여러 번 읽고 그 시인만이 가지고 있는 시들의 특징, 시의 모습, 창작의 테크닉 그리고 시정신을 살핀다. 혹여 정작 작품(Text)은 제쳐놓고, 작가의 전기, 시대상, 시작론 등 부수적 문학요인과 상황으로 비평하는 비평가들이 많음을 보고 의구심을 품은 적이 많았다.

아무리 몰개성론이라지만 작가(詩人)는 자기만이

선호하는 시작법이 있고, 자기만이 좋아하는 소재 선택이 있어 화자 개인의 개성을 존중하는 게 옳겠다 싶다. 따라서 본인도 김인녀 시인의 작품을 탐독하고 그의 텍스트를 중심으로 논평하고자 한다.

김시인의 시집 〈나목의 노래〉에 상재한 작품들의 모습을 살펴본 바, 평자가 총체적으로 붙인 평제(評題)는 '대자연과 생활체험에서 얻어온 소재들에다 그만이 가진 감성(感性)으로 직조해 낸 서정시(抒情詩)'라고 단정 지었다.

특히 이 시인의 창작 특색이라면 유난스레 계절 감각이 돋보인다는 점이다. 그리고 그만이 가진 아녀자의 여린 感性(또는 感情)이 알싸하게 독자들에게 전달되어 맛깔나게 읽히우는 점이 높이 사는 창작기법 아닌가 한다.

봄, 여름, 가을, 겨울 4계절의 시들로 제 4부로 분류한 화자의 의도가 따로 있어, 각 부의 계절에 체험한 감성시들을 독자들이 읽으면 시속의 행간 의미가 몸으로 바로 전달되어 감동을 주고 공감대를 이룬다. 시는 어렵게 쓰는 난해시도 있지만 쉽게 쓰면서 아름다움(美感)을 주는 서정시가 있음을 보고 평자는 감동을 받았다. 서정시의 본보기를 보는 듯 화자의 장래성이 엿보여 맘이 흐뭇하다라고 할까.

가령 '바다'란 소재로 쓴 시라면, 봄바다, 여름바다, 가을바다, 겨울바다의 황량한 정경(情景)을 고스란히 그려내는 창작기법은 매우 돋보인다고 할 것이다. 각 계절에 펼쳐진 사상(事像)들에서 독자들에게 수월하게 읽히우면서도 진한 미감(美感)을 느낄 수 있어 능란한 창작솜씨를 보여준다고 하겠다.

詩해설_도창회

2
그러면 예서 본론으로 들어가 창작품 몇 편을 감상해보자.

초록의 향연은 꿈이었나
늦가을 찬바람에
잔영만 남는다

창공에 뜬 구름
청자항아리 푸른 하늘
끌어안고 길게 누어있다

푸른 새옷 벗어던진
이별로 찢어지는 가슴
하늘 볼 겨를이 없다

가을비 눈물에 젖어
떠나보내는 쓰디쓴 아픔은
무언의 침묵 속에 감춘다

남풍 봄소식 오면
다시 파란 새싹 움트리니
희망노래 가지에 걸어놓자.

『나목의 노래』 전편

이 시는 본 시집의 표제(標題)로 삼은 시로 늦가을 날에 잎이 다 진 나목을 보고 그 실상(實像)을 심상(心像)으로 바꾸어, 시 속에 외로움이란 주제의 이미지를 심어놓은 (形象化 해놓은) 서정시다. 화자의 늦가을에 비유되는 먹을 만큼 먹은 나이의 인생, 자기 모습으로 외로움 타는 감성시는 독자들에게 감동을 준다. 첫 연에서 늦가을 찬바람에 떨고 서 있는 잎 진 나목이 흡사 청춘의 초록 향연이 사라지고 그 잔영 남아있는 자기 모습을 연상시키고, 둘째 연에 푸른창공이 흰 구름을 끌어안고 길게 누워있는 생경스런 모습을 그려 외로움을 고조시키고, 셋째 연에 여름철 푸르른 새 옷을 벗고 이내 닥쳐올 겨울의 이별 길의 슬픈 아픔으로 이젠 한가로이 푸른 하늘을 쳐다볼 겨를 마저 없다고 울부짖고 있다.

    제4연에서는 늦가을 비에 젖은 나목이 눈물로 창춘의 푸른 잎을 떠나보내는 아픈 가슴을 말없이 지켜보고, 자기의 처신을 빗대는 비유로 시정을 형상화시키면서, 마지막 연에서 그래도 슬픔 속에 희망의 끈을 놓지 않고 새싹이 움트는 희망을 나목에다 걸어 놓는다는 아름다운 감성의 서정시다. 나목의 처신을 노래(詩)로 승화시킨 감성시다.

세상이 필요 없다고 무시할 때
구석진 곳에서 고개를 내밀며
생명의 소중함을 노래한다

세상이 외면하고 전기 톱질할 때
젖은 땅에 들어누어
풀향기 풍기며 내일에 기댄다

詩해설_도창회

거친 발길로 아무리 짓밟아도
쓰러지는 듯 일어서는
잡초의 강인함이여

세상이 삭막하고 쓸쓸할 때
산하를 푸르게 생기 주는 그대
삶의 지혜를 일깨우는 전사

세상의 사람들아 무엇을 두려워하나
우리가 못할 것이 무엇인가
우리는 바로 생명력 강한 잡초 인생.

『잡초 인생』 전편

    이 시는 읽는 대로 느껴지는 잡초처럼 살아가는 인생의 강인함을 읊은 시다. 1,2,3연에서 잡초가 어려운 환경 속에서 역경을 이겨내는, 마치 싸움터의 전사로 비유하는 장면은 옹골지다고 하리라. 마지막 4연에 잡초 인생일망정 용기 내어 살아가기를 기원하는, 자극을 주는 권고는 눈물겹다기 보다 가상하다고나 할까.

온 종일 보슬비 내려
뿌연 흙먼지
시커먼 도시 티끌도
소리 없이 젖고 젖는다

정원 울타리 넝쿨장미
장대 같은 미르나무도
소녀같은 보슬비에
온몸을 내어주고 내어준다

그대 떠난 슬픈
내 가슴에도
보슬비 내려
괴롭고 괴로웁건만

내리는 비에
모두 젖어도
가슴에 어린 당신의 향기
짙고 짙어만 간다.
　　　　　　　『젖지 않는 당신 향기』 전편

우리는 나란히 창가에 서서
창 넘어 밤하늘의 별을 헤일때
창문 가득 밝은 달빛 비추곤 했지

우리는 나란히 창가에 서서
노랗게 물들어가는 은행나무 보며
아름답게 늙어가는 노년을 꿈꾸곤했지

비록 당신 떠나갔지만
창가에 설 때 마다
그 눈빛 그 미소 나와 함께 있네.
　　　　　　　『창가의 추억』 전편

　　　　　　　　　　　詩해설_도창회

위 2편의 시는 떠나고 없는 남편을 그리고 남편과 있었던 추억을 상기하면서 애달픈 시정으로 엮어낸 애상어린 감성시로 감동을 준다. 이 애상시의 두 편에서 보는 봐는 끝이 상하지만 그러나 '당신의 향기 짙고 짙어만 간다' '그 눈빛 그 미소 나와 함께 있네'라고 결코 끝이 상하지 않는 시심(詩心)이 돋보인다. 보슬비 속에 님그리움 아름다운 애정으로 삭이는 서정시, 창가에 설 때마다 님의 눈빛과 미소를 떠올리는 회상시의 시정은 무한히 아름답다고 할까.

그러면 사람이 살아가는 모습 객관적으로 볼 때 흡사 간이역 같아 보인다는 그의 시 '세상사 간이역 같다'를 감상해보자.

세상사 바쁘게 돌아간다
흐린 날 맑은 날
기쁜 날 슬픈 날
자취도 없이 지나간다

행복한 날도 있었지
올망졸망 뽀얀 살이 오르며
튼실히 자란 과일 같은
건강히 자라는 아가들이 있고

열심히 살아온 삶의 자취
만남의 환희 이별의 쓰림
지울수 없는 종적은

그대로 추억속에 있는데

한번간 시간은
돌아올 기약이 아주 없고
잠시 머물렀다 가는 세상사
여기가 간이역인 것만 같다.
『세상사 간이역 같다』전편

    간이역이라면 그의 이미지가 어떤 것일까. 간이역은 나그네가 잠깐 쉬어가는 역처럼 기차가 정거할 때도 있지만 거의 대부분의 기차가 통과해버리는 역이 간이역이다. 거쳐 가는 역쯤으로 우리가 사는 역이 간이역으로 이 역은 잠시 머물다 가는 세상사가 있는 곳으로 세상사 기쁨 슬픔 행복 만남과 이별이 상존하는 곳인데 추억 속에 남아있는 간이역이 곧 우리가 사는 지구가 아닌가.

    그러면 여기서 사랑시 한편을 더 감상하고 2부에서 5부까지 4계절, 봄, 여름, 가을, 겨울 소위 계절시를 감상해보자.

그대는 늘 나를 사로잡는다
침울할 때에도 날 웃게 하고
내게 흠뻑 빠진 모습은 기쁨을 준다

그대는 나를 휘어잡는다
내게 좋아한다고 속삭이면

詩해설_도창회

온몸이 흔들리고 떨린다

그대는 나를 항상 축제에 초대한다
나는 그대 생각하면
축제에 온 듯 마음 들뜬다

그대는 항상 내 눈 앞에 아른거린다
얼굴이 없고 만질 수 없어도
가슴 깊이 연민을 느낀다.

『사랑은 느낌이다』 전편

　사랑하는 사람을 흠뻑 빠져 연모하는 심정을 솔직하게 곧이 곧대로 고백한 사랑의 고백시다. 기쁨 주고, 온몸이 흔들리고, 마음이 들뜨고, 가슴 깊이 연민을 느끼는 사랑시의 표현이 너무 솔직해 얼굴이 붉어진다고 할까. 그 외 평자는 할 말이 없다.

　계절 따라 분류된 계절의 서정시를 한 편씩만 감상해보자.

봄철

그대 그리고 내 가슴에
맑고 빛나는 봄햇살
저리 눈부시고
봄꽃 향기에

가슴 일렁인다

그대 그리고 내 가슴에
침울했던 시절
따스한 입맞춤의 전율은
살랑이는 봄바람이
봄의 속삭임이다

그대 그리고 내 가슴에
남은 우리의 삶 동안
서로 아끼는 마음 나누고
티없이 맑은 순정으로
곱게 곱게 봄꽃으로 피어나자.
『그대 그리고 내 가슴에』 전편

    봄날 피는 꽃향기에 가슴 저리고, 살랑대는 봄바람의 속삭임이 임의 입맞춤으로, 봄꽃으로 피어나는 서로 아끼는 승화된 사랑이 그대 그리고 내 가슴에 깃들 길 바라는 순정시가 곱고 아름답다. 시는 어떻게 쓰느냐가 아니라 어떻게 느끼느냐가 맞는 시창작법이란 말이 생각난다.

여름철

지구와 태양의 뜨건 사랑 열기에
선잠에서 깨어난다

詩해설_도창회

동식물이 타는 줄도 모르고
사랑의 열기 끝없이 타오른다

대지가 이글거리고
농원의 청포도 단맛에 물든다

살짝히 불어오는 미풍에도
가슴 터질 듯 숨이 막히고

타오르는 사랑의 열기
용광로처럼 사른다.

『폭염』 전편

    여름날 이미지라면 정열, 성장, 풋풋한 청춘 등 녹음이 짙어가는 계절이 떠오른다. 여름날 뜨거운 폭염을 사랑의 열기로 오버랩하는 시정은 싱그럽고 언제 우리가 그런 날이 있었던가 싶을 만큼 정열의 삶이 못내 그립다. 폭염의 사랑이 못내 그립다.

가을 서정을 담은 시는 어떤 걸가 감상해보자.

가을철
황금빛 바람에 출렁이는 파도
사랑을 토해내고
풍요를 노래한다

늦가을 햇살에
풋풋한 사랑 열매가 영글어
그리운 이의 품을 기다린다

허기진 가슴
가자구나 너를 고대 한다
사랑이 살찌는 가을 들녘으로
새콤 달콤 풋사랑의 열매는
아름다운 사랑의 꽃씨 안고
홀로 영근다.
『가을 들녘』전편

    가을철이면 열매가 익는 결실의 계절이다. 이 시의 가을 들녘의 풍경도 결실과 무관하지 않다. 사랑을 살찌우는 들녘에 풋사랑의 열매가 영글어 그리운 이의 품을 기다리는 가을 서정이 넉넉한 서정시다. 화자의 감성은 늘 너그럽고 풍성한 인간미가 흐른다고나 할까. 가을 계절에 걸맞는 시상(詩想)으로 가을 낭만을 읊어낸 감성시로 가슴이 열린다.

겨울철

제일 추운 이 겨울날
발이 꽁꽁 얼어
내 발 같지 않고

詩해설_도창회

손가락도 감각이 없다

얼음의 악마가
얼음의 입김에
얼음의 심장 고동인가
나는 얼음이 되어 쓰러질 듯하다

그 얼음의 악마 이제
그 못된 정체 짐 싸야겠다
봄의 따사로운 햇살에
이겨내지 못하리

볕이 쏟아지는 봄날에
행복 건강 그리고
행운이 술술
경사스런일 가득 넘치리라

화사하게 번지는 향기로
연초록 그리움으로
그대 맞이할 꽃씨를
내 가슴밭에 심는다.

『입춘에』 전편

    봄이 온다는 소식을 전하는 입춘 절기지만 아직 겨울철임이 틀림없다. 겨울의 추위는 얼음장을 연상시키고 아직 손발이 꽁꽁 얼어 봄의 따사로운 햇볕이 마냥 그리운 때가 입춘 절기가 아닌가 한다. 꽁꽁 언 가슴밭에다 그대 맞이할 경사를 꿈꾸며 연초록 그리움을 마시고 있는 입춘절기의 서정으로 정서를 일깨우는 『입춘에』 시가 얼어붙은 마음을 녹이는 듯 따사롭다. 2부에서 5부까지 상재한 시들 중에 깊은 감동을 주는 시가 수없이 많지만 지면상 생략하기로 한다.

3
 결론으로 위에서 화자의 텍스트 중심으로 감상해본 바와 같이 김인녀 시인 시의 모습은 여린 감성을 섞어 써낸 서정시라고 단언했다. 서정시(lyric poems)를 쓸 때 가장 중요한 점이라면 시인의 감성(感性)이라고 할 수 있다. 감성이란 언어는 감정(感情)이란 말과 같은 동의어(同意語)로 쓰인다. 영어로는 affactions또는 sentiments로 적는다.

   가슴에서 우러나오는 감정 또는 감성은 시창작에 있어서 가장 소중한 영역임은 말할 것도 없다. 특히 감성이 짙지 않으면 시창작의 표현방법은 0점이라고 하겠다. 서정시에 있어 감정 (감성)은 서정성(抒情性)을 유발하는데 그 근본이 됨은 모두가 다 아는 바이다.
   고로 이 시집을 내는 김시인은 여린 아녀자의 도타운 감성을 지닌 사람으로 감성어린 시어(詩語)를 생산하는데 귀재라 할 수 있겠다. 그리고 그의 시가 성공하는 밑거름이 되는 여린 감성이 있는 한 그의 서정시 창작은 모자람이 없어 평자는 마음 든든하게 생각한다.

詩해설_도창회

'시는 왜 쓰는가?'의 시의 효용 (效用 :use of poetry)이라면 정서(情緖)순화 내지 정서함양에 있다고한 말로 말할 수 있다. 그래서 우리 시인이나 작가는 인간의 정서(情緖:emotion feeling) 나아가 우리 인류의 정서함양에 책임을 져야한다. 따라서 김 시인이 창작한 창작품도 예외일 수 없음은 말할 것도 없다.

 김시인이 창작해 낸 작품들이 시의 효용에 부합해야함은 불문가지다. 그래서 음문(verse)에 속한 시 장르적 특색을 지켜야한다. 시장르 특색은 함축성(含蓄性)과 음악성(音樂性, rhythm)이다. 이 둘이 없다면 산문(散文,prose)이 되고 만다. 지극히 언어를 아껴서 (함축해서) 긴장감을 주어야 명시가 된다. 그리고 율(律, rhythm)을 넣어서 노래로 만들어야 된다. 서정시 창작은 더욱 리듬이 중요한 위치를 차지한다.
 이 시집의 화자인 김 시인의 시들은 모두 이 장르적 특색을 갖추고 있다. 함축성이 강한 단시를 애용하고, 리듬 감각이 있어 맛과 흥이 넘쳐난다. 시 창작에 크게 성공하고 있다고 보아야 하리라. 그리고 강조하고 싶은 말이 있다면, 화자가 창작한 시들은 감동을 주어야 名詩다. 감동이 없는 시는 죽은 시다.

 이런 점으로 미루어 볼 때 시창작에 능란함을 보여주는 서정시들은 크게 감동을 주고, 독자들에게 공감대를 이루고 있다고 하겠다. 언어를 최대한 아껴 시의 긴장감 또 긴축미를 유발하는 화자의 창작 솜씨는 예사롭지 않다고 본다. 시구성에 행구성, 연구성, 이미지 조합에 달관된 모습을 크게 칭찬하고 싶다. 김 시인에게 부언으로 드리고자 하는 충고가 있다면 서정시만 고집하지 말고 다른 형태의 시도 생산해보란 말을 하고 싶다. 대성하여 문단을 빛내주기 바란다.

詩해설_도창회

창작동네 시인선 110

나목의 노래

인　　쇄 : 초판인쇄 2019년 03월 30일
인　　쇄 : 초판인쇄 2019년 04월 05일
지은이 : 김인녀
펴낸이 : 윤기영
편집장 : 정설연
펴낸곳 : 노트북
등　　록 : 제 305-2012-000048호
본　　사 : 서울시 동대문구 사가정로 256-4호 나동B101
전　　화 : 070-8887-8233 팩시밀리 02-844-5756
이메일 : hdpoem55@hanmail.net

2019.04 나목의 노래_김인녀 두 번째 시집

정　　가 : 10.000원

ISBN : 979-11-88856-11-4-03810

*저자와의 협의로 인지는 생략합니다.
*잘못된 책은 교환해 드립니다.